물 아저씨 과학 그림책 특별판
물 아저씨와 함께 배우는 환경 사전

2024년 1월 20일 1판1쇄 발행 | 2024년 3월 10일 1판2쇄 발행

글·그림 | 아고스티노 트라이니   옮김 | U&J
펴낸이 | 나춘호   펴낸곳 | (주)예림당
등록 | 제2013-000041호   주소 | 서울시 성동구 아차산로 153
구매 문의 전화 | 561-9007   팩스 | 562-9007
책 내용 문의 전화 | 3404-9251
http://www.yearim.kr

책임개발 | 민홍기 / 하나래 정성호 정유진   디자인 | 강임희   콘텐츠 제휴 | 문하영 / 박정현
제작 | 신상덕 / 박경식   마케팅 | 임상호 전훈승

ISBN 978-89-302-6800-4 74400
ISBN 978-89-302-6857-8 74400(세트)

이 책의 한국어판 저작권은 (주)예림당과 Atlantyca S.r.l.사와의 독점 계약으로 (주)예림당에 있습니다.
저작권법에 의해 한국 내에서 보호를 받는 저작물이므로 무단 전재와 복제를 금합니다.

Text by Agostino Traini
Original cover and Illustrations by Agostino Traini
©2022 Mondadori Libri S.p.A. for PIEMME, Italia
©2024 for this book in Korean language - YeaRimDang Publishing Co., Ltd.
Published by arrangement with Atlantyca S.r.l. Corso Magenta, 60/62 – 20123 Milano, Italia — foreignrights@atlantyca.it— www.atlantyca.com
Original Title: IMPARA A LEGGERE CON IL SIGNOR ACQUA
Translation by: 물 아저씨와 함께 배우는 환경 사전

No part of this book may be stored, reproduced or transmitted in any form or by any means, electronic or mechanical, including photocopying, recording, or by any information storage and retrieval system, without written permission from the copyright holder.

물 아저씨와 함께 배우는 환경 사전

글·그림 아고스티노 트라이니

패러글라이더

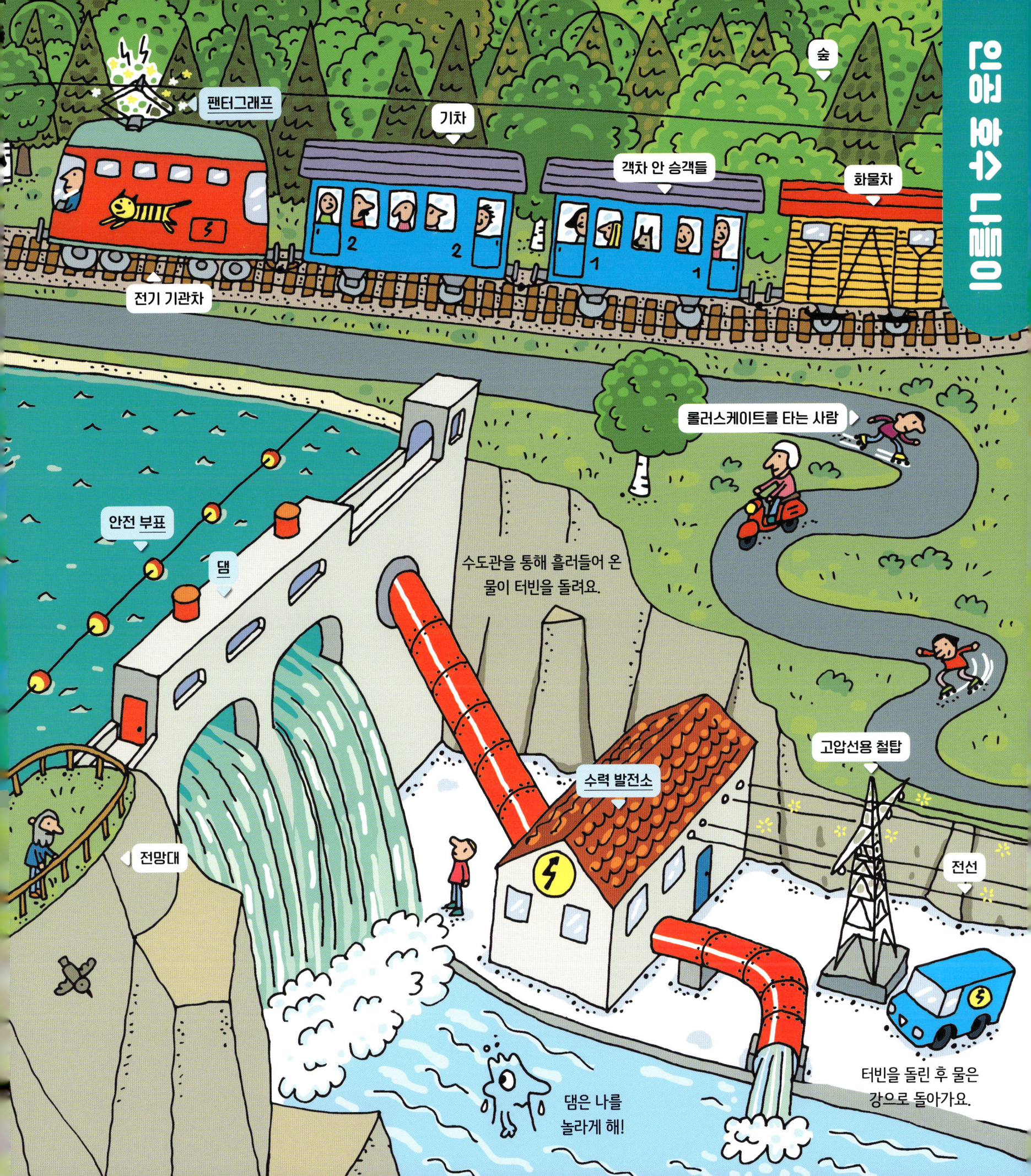

우리 주변의 대기

- 적란운
- 기상 관측용 풍선
- 글라이더
- 구름
- 적운
- 번개
- 눈
- 우박
- 안개를 두른 거인
- 안개
- 기상 관측소
- 기상학자

그림 속 밑줄 친 낱말의 설명을 찾아보세요!

그림 속 낱말 풀이

책을 읽으며 어려운 낱말이 있었나요? 걱정하지 마세요.
낱말 풀이를 살펴보며 어떤 뜻인지 배우면 되니까요.
자, 다 함께 재미난 낱말 풀이 여행을 떠나요!

윈드서핑
로그 리프터
크레바스
컨테이너
관개 시설
등대지기
행글라이더
초록맘바
기상학자

뾰족뾰족 겨울 산

눈처마
산의 등줄기나 벼랑 끝에 처마 모양으로 얼어붙은 눈더미.

레지
암벽 일부가 두 발을 딛고 설 수 있을 정도의 넓이로 선반처럼 튀어나온 것.

비아 페라타
가파른 암벽에 강철 케이블이나 사다리 등을 설치하여 비교적 안전하게 오를 수 있도록 만든 등산로.

빙하
여름에도 눈이 녹지 않는 산간 지방이나 극지방에 눈이 쌓여 형성된 거대한 얼음덩어리. 매년 이 위에 또 다시 쌓인 눈이 그 무게에 눌려서 얼음이 돼요. 빙하는 골짜기를 따라 천천히 이동하는데 안타깝게도 기후 변화로 인해 많이 사라지고 있어요.

빙퇴석
골짜기를 따라 움직이는 빙하에 의해 깎여 빙하의 옆면과 앞면에 쌓이는 많은 양의 암석 물질.

압자일렌 하강
카라비너라는 특수한 걸쇠에 통과시킨 두 가닥의 로프를 이용하여 암벽을 내려오는 기술. 암벽을 다 내려온 후에 한쪽 끝을 당겨 로프를 회수할 수 있어요. 현수 하강이라고도 해요.

크레바스
빙하가 이동할 때 생기는 깊게 갈라진 틈. 눈이 내리면 이 틈을 발견하기 어려워서 매우 위험해요.

산장에서의 휴식

노르딕 워킹
양손에 특별히 제작된 스틱을 잡고 땅을 짚으면서 걷는 운동.

만년설
여름 내내 녹지 않고 쌓여 있는 눈. 높은 산지, 특히 그늘진 지역에서 볼 수 있어요.

산장
외딴 산간 지역에 배낭여행객들이 휴식을 취할 수 있도록 지어진 숙소. 산에서는 큰 눈이나 비가 내리기 전에 피난처를 찾는 것이 중요해요!

하켄
등산용품 중 하나로 바위나 얼음 틈새에 박는 쇠못. 로프를 꿰거나 발판 등으로 사용해요.

알프스 목장 여행

알프스 목장
가축을 기르는 목초지. 외양간과 양치기의 집, 우유와 치즈를 만드는 낙농장 등이 있어요.

리코타
부드럽고 달콤한 이탈리아의 치즈.

목축견
소떼를 지키고 축사로 이끌도록 훈련된 개.

체어리프트
낮은 곳과 높은 곳 사이에 연결된 케이블에 의자를 붙여, 모터로 움직이게 만든 탈것.

태양광 패널
태양으로부터 청정에너지를 생산할 수 있는 도구.

울창한 숲속 탐험

권양기 또는 도르래 장치
밧줄이나 쇠사슬로 무거운 물건을 들어 올리거나 내리는 기계. 손이나 모터로 작동시켜요.

그루터기
나무나 풀을 베고 난 뒤 남은 아랫부분.

로그 리프터
통나무를 옮길 때 집게처럼 사용하는 도구.

벌목공
숲의 나무를 베는 일을 하는 사람. 언제 어떤 나무를 베어야 하는지 잘 알아요.

벌목용 쐐기
톱으로 낸 나무의 틈에 꽂아, 틈을 벌리는 역할을 하는 도구.

전기톱
나무를 절단하는 톱니가 달린 전동 공구. 조심히 다뤄야 해요.

피크닉
소풍. '작은 것을 가져오다, 훔치다.'라는 뜻의 프랑스어 piquenique에서 유래한 영어 단어예요.

아슬아슬 산악 마을

삼륜차
바퀴가 세 개 달린 차.

원형 베일러
트랙터에 연결된 특수한 농기계. 건초를 모으고 꾹 눌러 원통 모양 뭉치로 만들어요.

트랙터
무거운 짐을 옮기거나 농기계를 끄는 작업용 자동차.

급류와 작은 폭포

고생물학자
식물과 동물의 화석 잔해를 연구하는 과학인 고생물학 분야의 학자.

화이트 워터
시냇물이 바위 사이로 빠르게 흐를 때 하얗게 부서지는 물거품.

인공 호수 나들이

댐
물이 흐르는 양을 조절하는 인공 장벽.

도상
철로 사이에 자갈 따위를 깔아 놓은 바닥.

부표
배가 안전하게 다닐 수 있도록 물 위에 띄워 놓는 표지.

수력 발전소
물의 힘으로 전기를 생산하는 기계가 설치된 건물.

팬터그래프
전선에 흐르는 전기를 전차나 전기 기관차에 전달하는 장치.

행글라이더와 패러글라이더
엔진 없이 자유 비행하도록 설계된 탈것. 행글라이더는 금속 프레임이 있는 반면, 패러글라이더는 천으로만 만들어져요.

지하 호수 탐방

동굴도룡뇽붙이
어두운 동굴 속에 사는 작고 귀여운 동물. 양서류이기 때문에 물속과 물 밖을 번갈아 오가며 살아요. 물고기처럼 아가미로 숨을 쉬고, 눈이 퇴화되어 앞을 보지 못해요.

수직 갱도
동굴을 연구하거나 광물을 캐내기 위해 수직 방향으로 지하에 뚫어 놓은 길.

종유석, 석순, 석주
동굴 천장에 맺힌 석회질의 물방울이 아래로 계속 떨어지면 원뿔 모양의 고드름이 생겨요. 천장에 매달린 것을 종유석, 바닥에서 자라 올라온 것을 석순이라고 하지요. 그리고 아주 오랜 시간이 흘러 종유석과 석순이 하나로 이어진 것을 석주라고 해요.

온천에서의 휴식

선베드
치료나 건강을 위해 햇빛을 쬐는 일광욕을 하기 위한 침대.

에어로졸
액체나 가루로 된 약품을 가스의 압력으로 공기 중에 뿜어내는 것.

온천수
고온에서 분출되어 지하로 흐르면서 다양한 종류의 암석과 접촉한 물. 미네랄이 풍부해요.

초록맘바
독성이 강한 뱀 중 하나로 아프리카에 살아요. 여기서는 장난삼아 그려 봤어요!

언덕 마을

연락선
가까운 거리의 강, 호수, 바다를 오가며 승객과 물건을 운반해 주는 배예요.

피뢰침
번개를 끌어당기는 뾰족한 장치. 번개가 칠 때 생긴 큰 전류가 장치에 연결된 금속선을 통해 땅속으로 흐르도록 만들어요.

들판 산책

관개 시설
관개 즉, 경작지에 물을 공급하는 데 사용되는 장치.

본류, 지류
강이나 하천의 본래의 물줄기를 원줄기 또는 본류라고 해요. 그 본류로 흘러들거나 본류에서 갈라져 나온 물줄기를 지류라고 하지요.

수문
관개 수로에서 물의 흐름을 조절하기 위해 금속판으로 만든 문. 금속판이 내려가면 닫히고 올라가면 열려요. 손이나 모터로 작동할 수 있어요.

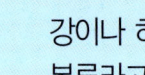

운하와 교통수단

운하
배가 지나다닐 수 있도록 인공적으로 만든 물길.

도개교
배가 지나갈 수 있도록 다리의 한쪽 또는 양쪽을 위로 올릴 수 있게 만든 다리.

갑문
운하의 인공 장벽. 갑문을 이용하면 물의 높이가 다른 운하 사이를 배가 안전하게 지나다닐 수 있어요.

갑실
두 개의 갑문 사이에 설치된 물길.

바지선
강과 운하에서 널리 사용하는 화물 운반선. 크기가 아주 크고 밑바닥이 평평해요.

발동기선
디젤이나 가스 등으로 움직이는 내연 기관의 모터를 추진기로 사용하는 배.

수로교
수로를 건너기 위해 놓은 다리.

하우스보트
일부는 집, 일부는 배인 주거용 보트. 강과 운하를 항해해요.

강의 하구

사주
바닷가에 생기는 모래사장. 밀물과 썰물 같은 바닷물의 흐름이나 파도로 인해 수면 위에 둑 모양으로 만들어져요.

수상 가옥
호수와 석호의 바닥에 말뚝을 박아 그 위에 지은 집.

저인망
배에 매달아 바닷속에서 끌고 다니며 물고기를 잡는 그물.

통발
물고기가 들어갈 수는 있지만, 나올 수는 없는 형태로 만든 낚시 도구.

평저선
밑바닥이 평평한 배.

석호에서의 생활

기중기
무거운 물건을 들어 올리고 이동시키는 기계.

곤돌라
이탈리아 베네치아 지방에서 볼 수 있는 작은 배. 배의 양쪽 끝이 위로 휘어 있고 바닥은 평평한 것이 특징이에요.

루프 테라스
지붕 위, 건물의 가장 높은 부분에 지어진 일종의 발코니 또는 전망대. 벽돌이나 나무 등으로 지어요.

모터폰툰
차량 및 자재 운송에 사용되는 구조물. 모터가 달려 있어요.

방오 도료
배 표면에 따개비나 굴 등이 달라붙지 못하도록 칠하는 재료.

비포라
기둥을 중심으로 두 개의 아치 모양으로 나누어져 있는 창문 형태.

석호
사주가 만의 입구를 막아 바다와 분리되어 생긴 호수. 만은 바닷물이 육지 쪽으로 움푹 파고 들어와 있는 지형을 말해요.

조선소
다양한 유형의 배를 만들고 수리하는 곳.

진수대
새로 만든 배를 미끄러뜨려 물에 띄우는 장치.

바다 동굴 탐사

리프팅 백
물에 뜨는 공기 주머니의 성질을 이용하여 물에 가라앉은 물체를 표면으로 끌어 올리는 도구.

수중 스쿠터
전기 모터가 달린 작은 탈것. 다이버가 물속에서 쉽게 이동할 수 있도록 도와줘요.

암포라
고대 그리스·로마 시대에 쓰던 항아리. 목이 좁고 양쪽에 손잡이가 달려 있어요.

해면동물
팔다리, 뼈, 감각 기관 등이 발달하지 않은 원시적인 바다 생물.

수중 고고학자
물속에 가라앉은 유적과 유물을 조사하며 고대 문명을 연구하는 과학자. 다양한 물건을 실은 고대 침몰선, 물에 잠긴 도시 등을 조사하고 복원하는 일을 해요.

항구: 출항과 입항

강삭
선박을 정박시킬 때 쓰는 굵은 밧줄.

계선주
배가 닻을 내리고 머무르기 위해 고정시키는 기둥. 보통 금속으로 만들어요.

구상 선수
뱃머리 아래쪽에 혹 모양으로 튀어나온 부분. 파도의 힘을 줄이는 역할을 해요.

도선사
큰 항구 안으로 배가 들어갈 때 안전하게 인도하는 자격을 가진 안내자. 배를 조정하는 조타수에게 정확한 방향을 알려 줘요.

래싱 노동자
컨테이너가 움직이지 않도록 단단히 고정하는 래싱 일을 전문적으로 하는 일꾼.

묘쇄공
닻사슬이 통과하도록 배의 바깥쪽 판에 뚫은 구멍.

방현재
배를 보호하기 위해 설치하는 장치. 나무나 고무로 만들어요.

선수루
배의 앞머리에 설치하는 구조물. 높은 파도를 견딜 수 있도록 도와줘요.

선창
갑판 아래에 있는 짐칸.

십 플래너
선박에서 화물을 싣고 내리는 것을 계획하고 관리하는 사람.

예인선
선박을 이동시켜 정박지까지 안전하게 데려다주는 배. 추진력이 무척 강해요.

컨테이너
화물 수송에 주로 쓰는 쇠로 만들어진 큰 상자. 표준 규격이 정해져 있어서 배, 트럭, 기차 위에 차곡차곡 쉽게 쌓을 수 있어요.

페리보트
차량, 화물 등을 나르는 연락선.

해치
사람이나 화물이 드나들 수 있도록 갑판에 설치한 문.

현창
배 안에 빛이 들어오도록 하고, 선실을 통풍시키기 위해 선박에 낸 원형 창문.

흘수선
배와 물의 경계선. 대형 화물선의 선체에는 흘수선을 보고 짐이 얼마나 실렸는지 알 수 있도록 숫자들이 표시되어 있어요. 짐이 무거울수록 선체가 물에 더 깊이 잠기니까요.

독자들을 위한 참고 사항

배와 관련된 각종 용어는 너무 특이한 게 많아서 쉽게 설명하기 어려워요. 여기에 나오는 낱말들만 알고 있어도 대단한 거예요.
그리고 이런 전문 용어는 셀 수 없이 많다는 것을 기억하세요!

해변과 염전

보체
이탈리아식 볼링으로, 표적이 되는 작은 공을 먼저 던져 놓고, 각 팀별로 공을 던지거나 굴려 더 가까이 붙이는 팀이 점수를 내는 스포츠. 누구나 쉽고 재미있게 즐길 수 있어요.

세일링 카누
바람을 받아 움직일 수 있도록 작은 돛을 단 카누. 카누는 패들이라고 부르는 노를 저어 움직이는 작은 배예요.

솜브레로
멕시코, 페루 등에서 쓰는 독특한 모자. 중앙이 높고 챙이 넓으며, 장식이 화려해요.

수상 구조 캔
손잡이가 달린 길쭉한 모양의 부표로 생명을 구하는 역할을 해요.

염전
끌어 들인 바닷물이 증발하여 소금이 쌓이는 곳.

용설란
잎이 용의 혀 같이 생겼다고 하여 용설란이라는 이름이 붙은 식물. 싹이 튼 지 10년 정도 지나면 연한 노란색 꽃이 피어요.

윈드서핑
돛이 장착된 서핑 보드를 타는 스포츠.

인명 구조용 패들 보트
인명 구조 요원이 사용하는 노 젓는 배. 두 개의 보트로 이루어져 있어요.

페달 보트
페달을 밟으며 타는 작은 보트. 페달이 보트를 앞뒤로 나아가게 하는 바퀴들을 돌려요. 일부 페달 보트에는 물속으로 다이빙 할 수 있는 미끄럼틀도 갖추고 있어요.

넓은 바다

이상 파도
가끔씩 나타나는 비정상적으로 크고 강력한 파도. 이 파도가 왜 생기는지 정확한 이유는 아직 몰라요.

등대
바닷가나 섬 같은 곳에 탑 모양으로 높이 세워 밤에 다니는 배가 길을 잃지 않도록 불빛을 비춰 주는 시설. 불빛이 회전하면서 깜빡이는 것처럼 보이는데 이 리듬이 등대마다 달라요. 선원들은 이 불빛을 보고 등대를 구별해요.

등대지기
등대를 관리하는 사람. 옛날에는 모든 등대지기가 등대에서 살았지만, 요즘에는 자동화된 등대가 많아져서 등대지기가 살지 않는 등대도 많아요.

마루
파도나 물결이 칠 때 높이 솟아 있는 부분.

암초
물속에 잠겨 있는 돌출된 바위나 산호초. 배를 움직일 때 부딪치지 않도록 조심해야 해요.

용오름
바다에서 발생하는 맹렬한 바람의 소용돌이. 바다 표면에서 발생한 강력한 용오름은 물과 물고기를 빨아들인 다음, 바다에서 멀리 떨어진 육지로 던질 수도 있기 때문에 아주 위험해요.

캣보트
돛단배. 뱃머리 가까이에 있는 큰 돛대에 돛을 하나 달고 항해하는 작은 배예요.

물 아저씨의 변신!

구름

공기 중의 수분이 응결되어 미세한 물방울이나 얼음 결정의 덩어리가 되어 공중에 떠 있는 것. 구름은 종류도 아주 많고, 이름도 다양해요. 날씨가 어떻게 변하는지 알려 주기 때문에 우리는 구름을 관찰하는 데 많은 시간을 보낸답니다. 구름을 연구하는 과학을 구름학이라고 해요.

글라이더

엔진 없이 공기의 흐름을 이용하여 비행하는 항공기.

기상 관측소

날씨나 대기 현상과 관련된 자연 현상들을 관찰하고 측정하며, 관련 자료를 기록하고 해석·통보하는 곳이에요. 다음과 같이 다양한 기상 관측 도구가 있지요.

- 온도를 측정하는 **온도계**
- 대기압을 측정하는 **기압계**
- 대기의 습도를 측정하는 **습도계**
- 바람의 속도를 측정하는 **풍속계**
- 바람의 방향을 파악하는 **풍향계**
- 내린 비의 양을 측정하는 **우량계**

기상 관측용 풍선

기상학자들이 사용하는 기구예요. 기상 관측용 풍선에는 데이터를 수집하여 지상으로 전송하는 관측 장비가 실려 있어요.

기상학자

대기 현상을 연구하는 기상 전문 과학자예요. 기상학자들은 앞으로 다가올 며칠 동안의 날씨가 어떨지 우리에게 알려 줘요.

아고스티노 트라이니

아고스티노 트라이니는 1961년 로마에서 태어났어요. 30년이 넘게 그림책을 디자인하고 독창적인 종이 책갈피와 원목 가구 등을 만들어 왔어요. 다양한 분야에 관심이 많아서 최근에는 팝업 그림책을 직접 만들고, 많은 캐릭터들을 디자인했답니다. 아고스티노 트라이니의 책은 전 세계의 다양한 언어로 번역되어 널리 읽히고 있어요.